Fragen des Gläubigerschutzes

unter besonderer Berücksichtigung des Registerpfandes

Vortrag

gehalten in der Versammlung des Vereins Berliner Kaufleute und Industrieller im Sitzungssaal des Reichswirtschaftsrates am 16. März 1926

von

Dr. Fritz Weinberg
Rechtsanwalt und Notar in Berlin

Berlin und Leipzig 1926

Walter de Gruyter & Co.

vormals G. J. Göschen'sche Verlagshandlung / J. Guttentag, Verlagsbuchhandlung / Georg Reimer / Karl J. Trübner / Veit & Comp.

Vorbemerkung.

Mein im Verein Berliner Kaufleute und Industrieller gehaltener Vortrag hat viel Beachtung gefunden und je nach dem Standpunkt des einzelnen zu der im Brennpunkt der Erörterung stehenden Frage der Zweckmäßigkeit der Einführung des Registerpfandes Anerkennung oder Ablehnung erfahren. Von verschiedenen Seiten ist an mich aber die Anregung ergangen, den Vortrag im Druck erscheinen zu lassen, um die Kenntnis von seinem Inhalt weit über den Kreis meiner damaligen Zuhörer zu verbreiten, zumal die über ihn gebrachten kurzen Pressereferate meine Erörterungen nur bruchstückweise und höchst lückenhaft, zum Teil sogar mißverständlich wiedergeben konnten.

Ich habe geglaubt, mich diesen Anregungen um so weniger entziehen zu sollen, als die für die Gesetzgebung ja sehr aktuelle Frage der Einführung des Registerpfandes nach wie vor stark umstritten ist. Es erscheint mir daher verdienstlich, eine rein sachliche Erörterung der Frage in populärer Darstellung, wie ich sie in meinem Vortrag geboten habe, den weitesten Kreisen der Wirtschaft zugänglich zu machen. Möge die Kenntnis von meinen Ausführungen mit dazu beitragen, daß nicht, veranlaßt durch die unleugbare Gläubigernot der Jetztzeit, übereilt ein Experiment an unserem Wirtschaftskörper vorgenommen wird, das meiner Überzeugung nach bedenklich ausfallen kann, ja ausfallen muß!

Dr. Fritz Weinberg.

Die zu der heutigen Veranstaltung versandten Einladungskarten kündigen eine Diskussion über Fragen des Gläubigerschutzes unter besonderer Berücksichtigung des Registerpfandrechts an. Dieser Diskussion vorangehen soll ein Sie in die Materie einführender Vortrag durch mich.

Ich möchte einleitend hervorheben, daß ich das mir gestellte Thema, die Erörterung des Gläubigerschutzes, begrenzen möchte insofern, als ich mich im wesentlichen auf die Frage der Einführung des Registerpfandes beschränken will. Dies, obwohl mir eine solche Beschränkung besonders schwer wird, weil ich nämlich den ja ebenfalls stark aktuellen Problemen der Änderung der Geschäftsaufsichtsverordnung und ihres Ersatzes durch eine im Entwurf bereits vorliegende Ausgleichsordnung ein besonderes Interesse entgegenbringe. Ich glaube aber aus der Not eine Tugend machen zu sollen. Die juristischen und volkswirtschaftlichen Probleme, die im Zusammenhang mit der Vorlage über das Registerpfand zu besprechen sind, sind so mannigfaltig und so bedeutsam, daß, wenn mein Vortrag nicht eine ermüdende Länge annehmen soll, es mir unmöglich erscheint, auch die Frage der Umgestaltung der Geschäftsaufsicht oder die Einführung der Ausgleichsordnung in den Kreis der Erörterung einzubeziehen. Inwieweit in der Diskussion nachher auf diese Fragen gleichwohl eingegangen werden soll, muß ich Ihrem Ermessen anheimstellen.

Die durch die akute Gläubigernot der Jetztzeit wieder so brennend gewordene Frage der Einführung des Registerpfandrechts ist, wie Sie ja alle wissen, eine Streitfrage, die seit Jahrzehnten Juristen und Wirtschaftler in der erheblichsten Weise interessiert hat und eigentlich niemals zur Ruhe gekommen ist. Eine Fülle von Literatur ist zu ihr entstanden. Vier Juristentage haben sich mit ihr beschäftigt. Gutachtliche Stellungnahmen der verschiedensten Spitzenverbände der deutschen Wirtschaft sowie zahlreicher Handelskammern zu ihr liegen vor. Dies alles, ohne daß bisher eine positive Lösung der Frage erfolgt ist. Auf den ersten Blick muß dies verwunderlich erscheinen. Je mehr man aber sich in die Materie vertieft, desto mehr muß man sich bewußt werden, daß zwar jeder gemachte Vorschlag mit guten Gründen zu belegen ist, daß aber auch gewichtige Gegengründe gegen seine Ausführung ins Feld geführt werden können. Dies sowohl vom rein juristischen wie vom volkswirtschaftlichen Standpunkt. Es ist daher zu verstehen, daß die Reichsjustizverwaltung sich bisher gesetzgeberischen Aktionen auf diesem Gebiete gegenüber ablehnend verhalten hat, weil große Bedenken dahin bestanden, ob der von der Einführung des Registerpfandes auf der einen Seite zu erwartende Nutzen nicht von Schäden auf der anderen Seite überboten werden könne. Ob und inwieweit solche Befürchtungen begründet sind, wird Gegenstand unserer Betrachtung im einzelnen sein müssen.

Der Kampf für die Einführung des Registerpfandes bedeutet gleichzeitig den Kampf gegen die Sicherungsübereignung. Um deren Vor- und Nachteile kritisch würdigen zu können, ist zum Verständnis ein kurzer Überblick über die rechtsgeschichtliche Entwicklung, die die Sicherungsübereignung seit Inkrafttreten des Bürgerlichen Gesetzbuchs genommen hat, nicht zu umgehen. Ich möchte diese Ausführungen einleiten mit einem Zitat aus dem Gutachten, das Reichsgerichtsrat Salinger für den 31. Deutschen Juristentag im Jahre 1912 zu der Frage erstattet hat: „Empfehlen sich gesetzliche Maßnahmen in bezug auf die Sicherungsübereignung?“ Wer zu dieser Frage Stellung nimmt, wird immer auf die tiefgründige und musterhafte Darstellung Salingers zurückgreifen müssen, selbst wenn er Bedenken trägt, den von Salinger gezogenen Schlußfolgerungen zu entsprechen. Salinger beginnt seine Ausführungen mit folgenden Sätzen:

„Die Sicherungsübereignung ist ein Kind des Verkehrs, aber ein illegitimes, denn es kann sich auf die Vaterschaft des Gesetzes nicht berufen. Das hat ihr zum Nachteil gereicht, einmal schon aus den äußeren Gründen, weil ihr der Mangel unechter Geburt anklebt, mehr aber noch deshalb, weil der Mangel der gesetzlichen Regelung sie wild aufwachsen ließ."

Den Juristen unter Ihnen werden diese Worte Salingers nichts Neues sagen. Zum Verständnis der Nichtjuristen möge folgendes dienen. Im Gegensatz zu dem römischen Recht, das in der Form der Generalhypothek eine Verpfändung des Besitzes eines Schuldners auch ohne die Übertragung der tatsächlichen Verfügungsgewalt an den Pfandgläubiger kannte, hat das Bürgerliche Gesetzbuch sich auf den grundsätzlichen Standpunkt gestellt, daß das Pfandrecht an beweglichen Gegenständen abhängig sei von dem auch nach außen hin in Erscheinung tretenden, die Verfügung des Schuldners ausschließenden Besitz des Pfandgläubigers. Das Bürgerliche Gesetzbuch kennt Pfandrecht an beweglichen Gegenständen nur in der Form des Faustpfandes. Die praktischen Bedürfnisse des Verkehrs ließen alsbald erkennen, daß diese Beschränkungen aber dem legitimen Kreditbedürfnis des Schuldners nicht gerecht wurden. Der Ausweg wurde gesucht und gefunden in der Bestimmung des § 930 HGB. Nach der Vorschrift des § 929 erfordert die Eigentumsübertragung an beweglichen Gegenständen Einigung zwischen den Parteien darüber, daß Eigentum übergehen soll, sowie die Übergabe des veräußerten Gegenstandes. Die Übergabe des Gegenstandes kann aber gemäß § 930 dadurch ersetzt werden, daß der Veräußerer mit dem Erwerber vereinbart, daß er die Sachen für ihn, sei es als Verwahrer, als Leiher, sei es als Mieter, sei es als Kommissionär oder auf Grund eines anderen Rechtsverhältnisses, weiter besitzen soll. Dies ist der Begriff des heute nicht nur dem Juristen, sondern auch dem Laien geläufigen Constitutum possessorium. Zu Beginn der Entwicklung, d. h. nach dem 1. Januar 1900, dem Tage des Inkrafttretens des

Bürgerlichen Gesetzbuches, verkaufte regelmäßig ein Schuldner, der sich ohne Enteignung des tatsächlichen Besitzes gegen Verpfändung beweglicher Habe Kredit verschaffen wollte, diese an den kreditgewährenden Gläubiger. Zahlreiche Prozesse sind im Anfang unseres Jahrhunderts über die Frage der Gültigkeit derartiger Vereinbarungen geführt und nicht immer gleichmäßig entschieden worden. Es wurde gegen diese Geschäfte eingewandt, daß sie simuliert seien, weil tatsächlich nicht ein Verkauf der Ware, sondern nur eine Verpfändung beabsichtigt sei, das Gesetz aber eine Verpfändung nur durch Übergabe als Faustpfand kenne.

Die Form, in welche diese Geschäfte gekleidet wurden, hat sich dann unter dem Einfluß der Rechtsprechung alsbald aber insofern geändert, als von einem Kauf mit Rückkaufsbefugnis oder einem ähnlichen Rechtsgeschäft Abstand genommen wurde, die Kausa des Geschäfts fortfiel, die Parteien vielmehr lediglich erklärten, zur Sicherung der Forderung des Gläubigers Eigentum übertragen und die Übergabe durch Constitutum possessorium ersetzen zu wollen. Nach manchen Kämpfen hat sich die Rechtswirksamkeit dieser Vereinbarung in der gerichtlichen Praxis derart durchgesetzt, daß die seinerzeit hierzu ergangenen höchstrichterlichen Entscheidungen heute wie historische Reminiszenzen anmuten. Während sich die Zulässigkeit der Sicherungsübereignung lange Zeit auf bestimmte Gegenstände, die in ihrem Bestande beim Schuldner regelmäßig unverändert bleiben, erstreckte, hat sich allmählich nach schweren Kämpfen auch die Sicherungsübereignung an Sachgesamtheiten, insbesondere Warenlägern, in der herrschenden Praxis durchgesetzt. Hin und wieder auch jetzt noch in Prozessen unternommene Versuche, die Unwirksamkeit solcher Sicherungsübereignungen an Sachgesamtheiten durchzufechten, erscheinen beim gegenwärtigen Stande der Rechtsprechung so gut wie aussichtslos. Die Folge dieser Rechtsentwicklung ist, daß der Grundsatz der Erkennbarkeit dinglicher Rechte eines Gläubigers an der beweglichen Habe des Schuldners vollständig durchbrochen ist. Wer heute sich in Geschäfte mit einem Kaufmann einläßt und ihm im Vertrauen darauf, daß er Eigentümer seines gut gefüllten, wertvollen Warenlagers ist, Kredite gewährt, hat in zahllosen Fällen auf Sand gebaut. Nicht nur Eigentumsvorbehalte, die der Lieferant der Waren bis zur völligen Bezahlung gemacht hat, nicht nur Überlassung von Waren lediglich zum kommissionsweisen Verkauf, sondern vor allem zugunsten bestimmter Gläubiger vorgenommene Sicherungsübereignungen bewirken nur zu häufig, daß der nicht auf gleiche Weise gesicherte Gläubiger, wenn es zur Zwangsvollstreckung, zur Zahlungseinstellung und zum Konkurse kommt, das Nachsehen hat. Dabei sind die Fälle leider außerordentlich häufig, in denen die Sicherungsübereignungen vorgenommen sind in der Absicht von Vermögensverschiebungen seitens des Schuldners zugunsten eines ihm mehr oder weniger nahestehenden, vielfach mit ihm unter einer Decke steckenden Gläubigers. Nur bei einem relativ geringen Teil derartiger Manipulationen läßt sich im Wege der Anfechtung der Schiebungscharakter dartun, zumal in diesen Prozessen der Schuldner und ihm nahestehende, sehr häufig an diesen Schiebungen als Gehilfe und Teilnehmer beteiligte Personen willfährige Zeugen sind.

In einzelnen, ganz besonders gearteten Fällen läßt sich allerdings auch eine Anfechtung auf den sittenwidrigen Charakter derartiger Prozeduren, also auf den § 138 BGB., stützen. Dies insbesondere dann, wenn der Sicherungsgläubiger gewußt hat oder doch hat wissen müssen, daß der Schuldner, obwohl er sich durch Sicherungsübereignung des wesentlichsten Teils seiner Habe entledigt hat, nun, nach außen hin den Eindruck einer solventen Persönlichkeit erweckend, Schulden kontrahiert, zu deren Bezahlung ihm Mittel nicht zur Verfügung stehen.

Wenn der Sicherungsgläubiger so unvorsichtig gewesen ist, sich das ganze Vermögen des Schuldners oder doch alle wesentlichen Teile übereignen zu lassen, kommt auch eine Haftung mit diesem übereigneten Vermögen für die sonstigen Schulden gemäß § 419 BGB. in Frage. Eine Haftung, die natürlich weder vom Schuldner noch vom Sicherungsgläubiger beabsichtigt ist. Die Möglichkeiten einer derartigen Inanspruchnahme des Sicherungsgläubigers sind aber verhältnismäßig gering, spielen jedenfalls für die Beurteilung keineswegs eine entscheidende Rolle. In den nicht allzu häufigen Fällen, in denen derartige Klagen erhoben werden, ist regelmäßig auch noch ein starkes Prozeßrisiko für die anfechtenden Gläubiger vorhanden. Angesichts dieses Zustandes, wie ihn zwar nicht der Gesetzgeber gewollt, wohl aber die Rechtsentwicklung mit sich gebracht hat, ist daher das Verlangen nach einer neuen gesetzlichen Regelung nur natürlich, doppelt begreiflich in einer Zeit wie der unsrigen, in der leider Zahlungseinstellungen und Zusammenbrüche das Wirtschaftsleben auf das äußerste bedrohen. Aus diesen Erwägungen haben führende Kreise der deutschen Wirtschaft erneut den Ruf nach Einführung des Registerpfandes erhoben, das an Stelle der unsichtbaren und für jeden nicht Eingeweihten unerkennbaren Sicherungsübereignung die Verpfändung treten läßt unter Eintragung aller für die Beurteilung des Pfandrechts maßgebenden Umstände in ein gerichtlich geführtes Register, das zur Einsicht den Interessenten zur Verfügung steht. Dieser Gedanke hat zunächst etwas außerordentlich Bestechendes. Er scheint geeignet zu sein, das stark ins Schwanken geratene Vertrauen auf die Redlichkeit im Geschäftsverkehr wiederherzustellen, den so häufig mit den Sicherungsübereignungen verbundenen unlauteren Schiebungen den Boden abzugraben und den Mobiliarkredit auf eine neue, gesundere Basis zu stellen.

Es wird darauf hingewiesen, daß bereits in anderen Ländern das Registerpfand eingeführt ist. Das Material, das nach dieser Richtung vorliegt, ist allerdings keineswegs überwältigend und besonders ermutigend für die Einführung. In der Schweiz bestand vor der Einführung des Allgemeinen Schweizerischen Zivilgesetzbuchs, also vor dem 1. Januar 1912, ein Registerpfand in ähnlicher Weise, wie es jetzt hier vorgeschlagen wird, in einer großen Anzahl von Kantonen. Das Zivilgesetzbuch hat sich aber nicht dazu entschließen können, die Einrichtung zu übernehmen, so daß ein Registerpfandrecht seit dem 1. Januar 1912 in der früheren Form in der Schweiz nicht mehr besteht. Lediglich für die Verpfändung von Vieh kann auf Grund eines Spezialgesetzes zur Sicherung von Forderungen behördlicher Geldinstitute, also insbesondere von Spar- und Kantonalkassen, durch Eintragung eines Protokolls und Anzeige an das Betreibungsamt ein besonderes Pfandrecht begründet werden. Das französische Recht kennt ein Registerpfandrecht, wie es bei uns vorgeschlagen ist, insbesondere an Waren und sonstigen Sachgesamtheiten, nicht, sondern es hat lediglich eine Verpfändungsmöglichkeit des Handelsgewerbes als Ganzen, also der ideellen Werte des sogenannten good will, eingeführt. Nur in England besteht unter sehr lästigen und erschwerenden Förmlichkeiten in der bill of sale ein Registerpfandrecht, dessen praktische Bedeutung mir von sachkundiger Seite als verhältnismäßig sehr gering bezeichnet ist. Es ist im übrigen auch bedenklich, bei der starken Ungleichheit der wirtschaftlichen Verhältnisse und der Bedürfnisse des Kreditverkehrs im besonderen eine im Ausland bestehende Institution ohne weiteres zu übernehmen. Wir müssen daher schon sorgfältiger prüfen, ob für unsere deutschen wirtschaftlichen Verhältnisse das Registerpfand in der vorgeschlagenen Form zweckmäßig erscheint und dazu berufen ist, diejenigen Funktionen zu erfüllen, die seine Urheber von ihm erfüllt zu sehen wünschen.

Machen wir uns daher zunächst in großen Zügen mit der Regelung bekannt, die durch den Initiativantrag der Abgeordneten Keinath u. Gen. im Wege der Gesetzgebung realisiert werden soll. Es handelt sich hierbei, wie ich voranstellen möchte, um einen Antrag, dem ein außerordentliches Schwergewicht von vornherein zuzumessen ist, denn er trägt die Unterschriften führender Abgeordneten aller Regierungsparteien, die demgemäß voraussichtlich auch ihre Fraktionen hinter sich haben werden. Allerdings handelt es sich bei diesem Antrag ja keineswegs um politische Probleme. Es besteht daher an sich die theoretische Möglichkeit sehr wohl, daß in den Reihen der Fraktionen auch Gegner der Vorlage vorhanden sein werden, wie umgekehrt auch die naheliegende Möglichkeit besteht, daß die Unterzeichner des Antrags aus den Kreisen der Nichtregierungsparteien, also von den Völkischen rechts bis zu den Kommunisten links, Sukkurs finden. Jedenfalls muß mit der naheliegenden Möglichkeit gerechnet werden, daß der Antrag Keinath u. Gen. die erforderliche Mehrheit im Reichstag finden und somit Gesetz werden wird. Beschäftigen wir uns also, soweit dies im Rahmen meines heutigen Vortrags möglich ist, mit seinem wesentlichen Inhalt.

Durch Eintragung in ein Register bei dem Amtsgericht des Ortes, in dem der Verpfänder seinen Wohnsitz bezw., wenn er Kaufmann ist, seine Niederlassung hat, sollen Pfandrechte geschaffen werden können sowohl an einzelnen Gegenständen wie an Sachgesamtheiten, insbesondere also an Waren jeglicher Art, Maschinen, Werkzeugen, unter der Voraussetzung, daß die zu verpfändenden Gegenstände sich als gewerbliches oder landwirtschaftliches Betriebsvermögen darstellen. Nicht also der Privatmann, auch nicht etwa der Angehörige eines freien Berufs, sondern nur der Kaufmann, der Industrielle, der Landwirt kann Registerpfandrechte begründen. Insoweit aber die Begründung eines solchen Registerpfandrechts möglich ist, insoweit wird die Sicherungsübereignung positiv verboten, so daß sie also in Zukunft nur noch in den Fällen, in denen sich ein Registerpfand nicht begründen läßt, zulässig ist. Das Registerpfandrecht wird begründet:

a) durch Abschluß eines schriftlichen Pfandvertrages,

b) durch Niederlegung dieses Pfandvertrages bei Gericht.

Der Pfandvertrag muß enthalten: die Einigung der Parteien über die Bestellung des Pfandrechts, die Bezeichnung des Schuldners und, sofern dieser nicht gleichzeitig Verpfänder ist, d. h. wenn der Verpfänder das Pfand bestellt zur Sicherung einer fremden Schuld, auch des Verpfänders, den Geldbetrag der Forderung, zu deren Sicherung die Pfandbestellung erfolgt, den Zinssatz, endlich eine genaue Bezeichnung der verpfändeten Sachen. Diese Erfordernisse des Pfandvertrages sollen zwingenden Rechts sein, woraus sich ergibt, daß, wenn diesen Erfordernissen nicht genügt ist, eine wirksame Verpfändung überhaupt nicht vorliegt.

Ich fürchte, daß in vielen Fällen, insbesondere wenn ohne Mitwirkung von rechtskundiger Seite Pfandverträge geschlossen werden, diese den gesetzlichen Forderungen nicht in allen Punkten entsprechen, was dann zu Prozessen führen kann, die eine erhebliche Beeinträchtigung der Rechtssicherheit bedeuten. Besonders bedenklich erscheint in diesem Zusammenhang die Bestimmung, daß die verpfändeten Gegenstände g e n a u bezeichnet werden müssen. Dies führt gerade bei der Verpfändung von Warenlägern und sonstigen Sachgesamtheiten zu Schwierigkeiten, scheint mir aber auch mit Rücksicht auf den dauernden Wechsel der verpfändeten Gegenstände keineswegs erforderlich. Warum soll es nicht genügen, anzugeben, daß verpfändet werden soll das gesamte Warenlager, wie es dem Betrieb der Firma Müller & Schulze dient und sich in ihren Geschäfts- und Lagerräumen befindet? Auch die Forderung, daß der Geldbetrag der Forderung und der Zinssatz angegeben werden muß, wird zu Bedenken Anlaß geben können. In einer außerordentlichen großen Zahl von Fällen wird heute die Sicherungsübereignung vorgenommen anstatt der Bestellung einer Sicherungshypothek auf einen bestimmten Höchstbetrag, wie man sie auf einem Grundstück eintragen würde, wenn der Schuldner ein solches für den nachgesuchten Kredit zur Verfügung hätte. Die Bank gewährt z. B. einen Blankokredit bis zur Höhe von 30 000 Reichsmark und läßt sich dafür ein Pfandrecht am Warenlager bestellen. Dieser Bankkredit ist mal voll, mal nur zu einem ganz geringen Teil in Anspruch genommen. Es müßte in einem solchen Fall aus dem Register ersichtlich sein, daß es sich bei der Forderung, für die das Pfand haften soll, lediglich um einen Höchstbetrag handelt, weil die Eintragung einer festen Forderung sonst sehr häufig den Eindruck erwecken wird, als wenn der Schuldner erheblich höher verschuldet ist, als es den tatsächlichen Verhältnissen entspricht. Der Zinssatz ist, namentlich wenn es sich um Kredite von längerer Laufzeit handelt, regelmäßig variabel, nämlich abhängig vom Diskont- oder Lombardsatz der Reichsbank oder der Großbanken. Eine feste Verzinsung wird daher häufig überhaupt nicht vereinbart. Es mag sein, daß manche dieser Bedenken durch Ausführungsbestimmungen gemildert werden können; nach dem Wortlaut des Entwurfs bestehen sie jedenfalls.

Die Eintragung im Pfandregister hat das Gericht von Amts wegen auf Grund der erfolgten Niederlegung zu bewirken. Die Eintragung ist aber für die Wirksamkeit des Pfandrechts nicht von entscheidender Bedeutung. Sie hat vielmehr nur deklaratorische Bedeutung. Wirksam wird die Verpfändung bereits mit der vollzogenen Niederlegung des Pfandvertrages. Es wird also nicht genügen, wenn sich ein Interessent darüber informieren will, ob eine Verpfändung vorgenommen ist, das Pfandregister selbst einzusehen, sondern er wird die Akten des Pfandregisters daraufhin durchprüfen müssen, ob bereits ein schriftlicher Pfandvertrag niedergelegt ist. Eine derartige Nachforschung kann mit Schwierigkeiten verbunden sein. Wenn sich, wie dies ganz unvermeidlich ist, in der zuständigen Gerichtsschreiberei die noch der Eintragung bedürftigen Eingänge häufen, so wird jeder Interessent auch diese durchsehen müssen, um festzustellen, ob die Firma Müller & Schulze bereits einen Pfandvertrag niedergelegt hat. Die betreffenden Rechercheure, die für die Richtigkeit ihrer Angaben noch die Verantwortung übernehmen sollen, sind jedenfalls wenig zu beneiden.

Der Gesetzentwurf läßt nun aber auch eine Rückwirkung bezüglich der Wirksamkeit der Verpfändung zu, indem er nämlich bestimmt, daß, wenn der Pfandvertrag binnen einer Woche nach der Vollziehung, d. h. nachdem er die Unterschrift beider Parteien gefunden hat, beim Registergericht niedergelegt ist, er schon mit der Vollziehung als wirksam anzusehen ist. Eine höchst bedenkliche Bestimmung; denn während dieses Schwebezustandes von einer Woche ist für jeden Außenstehenden der Pfandvertrag genau so unerkennbar wie heute die Sicherungsübereignung. Was soll werden, wenn der Schuldner schleunigst nach Abschluß, jedoch vor Niederlegung des Pfandvertrages diesem zuwiderhandelt und die verpfändeten Waren veräußert? Wie steht es überhaupt — und dies ist die brennendste Frage — mit dem Schutz des gutgläubigen Dritten, der ohne Kenntnis von der erfolgten Verpfändung verpfändete Gegenstände erwirbt? Die befriedigende Regelung dieser Frage ist meines Erachtens entscheidend für die Wirksamkeit und Durchführbarkeit des Registerpfandes überhaupt. Die hierbei zu überwindenden Schwierigkeiten werden sowohl in der Denkschrift des Zentralverbandes des Deutschen Großhandels wie in dem Antrag Keinath u. Gen. meiner Überzeugung nach doch sehr erheblich unterschätzt. In seinen Leitsätzen erklärt der Zentralverband, daß „die Vorschriften über den gutgläubigen Erwerb von Rechten unberührt bleiben". Nach diesem Leitsatz könnte es scheinen, als wenn derjenige, der ohne Kenntnis von dem Bestehen des Registerpfandes, also in gutem Glauben, Gegenstände erwirbt oder beleiht, genau so wie nach heutigem Recht unbestrittener Eigentümer oder Pfandgläubiger dieser Sachen werden würde. Ja was hätte dann, wenn auf diese Weise durch Rechtserwerb eines Dritten der durch Registerpfand gesicherte Gläubiger um sein Recht kommen könnte, die ganze Institution noch für einen Zweck? Ein derart weitgehender Schutz des gutgläubigen Erwerbers wird aber in Wirklichkeit gar nicht in Aussicht genommen, denn das Registerpfand soll ja gerade infolge seiner Publizität dem Pfändungsgläubiger die gleichen Pfandrechte verleihen wie das Faustpfandrecht. Damit ist notwendig verbunden eine weitgehende Beschränkung des Rechts desjenigen, der an den durch Registerpfand verpfändeten Gegenständen Rechte erwerben will. In der Begründung, die der Zentralverband in seiner Denkschrift zu dem Angeführten gibt, heißt es denn auch, wenn gesagt sei, die Vorschriften über den guten Glauben müßten unberührt bleiben, so sei dies dahin zu verstehen, „daß die ordnungsmäßigen Entnahmen im Rahmen des laufenden Geschäftsbetriebs dem Erwerber volles Recht geben sollen". Mit Verlaub: Diese höchst unklare Formulierung scheint mir die schwächste und angreifbarste Stelle der Denkschrift zu sein. Was heißt bei einem Warenlager, das sich fortlaufend erneuert und dessen Zweck es ist, sowohl in einzelnen Teilen wie unter

Umständen auch in seiner Gesamtheit veräußert zu werden, eine ordnungsmäßige Entnahme im Rahmen des laufenden Geschäftsbetriebes? Ein völlig untauglicher kautschukartiger Begriff, wie es sofort einleuchten wird, wenn man praktische Beispiele bildet. Nehmen wir den alltäglichen Fall, daß gegen Ende der Saison die Einkäufer einer großen Firma, nennen wir sie C. u. A. Meyer, zu der Konfektionsfirma Lehmann kommen und nun in Bausch und Bogen zu einem natürlich ermäßigten Preis die von der Firma Lehmann nicht mehr rechtzeitig vor Saisonschluß verkauften und auf Lager zurückgebliebenen Waren kaufen. Soll ein solcher Verkauf an die Firma C. u. A. Meyer, die die schwerverkäuflichen Waren, die Lagerhüter zu werden drohen, gegen prompte Kasse kauft, als eine ordnungsmäßige Entnahme im Rahmen des laufenden Geschäftsbetriebes angesehen werden oder nicht, d. h. kann trotz der erfolgten Zahlung der Registerpfandgläubiger die Waren von der Firma C. u. A. Meyer zurückverlangen? Allein die Möglichkeit des Aufwerfens einer solchen Frage zeigt, auf welch unsicheren Rechtsboden wir uns begeben und welche unerträgliche Fülle von Rechtsstreitigkeiten sich hier mit Sicherheit ergeben müßte. Was soll werden, wenn Herr Müller, der seine Hauptniederlassung in Berlin hat, seine mit dem Registerpfandrecht behafteten Waren zum Verkauf in seine Filiale nach Potsdam schickt und nun Meyer, nachdem er sorgsam festgestellt hat, daß beim Amtsgericht Potsdam kein Registerpfandrecht für Müller bestellt ist, die verpfändeten Waren des Müller aus der Filiale Potsdam kauft? Daß mit Kautschukbestimmungen, die in jedem einzelnen Fall einer zwiespältigen Auslegung des Gerichts wie auch jedes Interessenten fähig sind, nicht praktisch vorwärts zu kommen ist, hat auch der Antrag Keinath u. Gen. durchaus nicht verkannt. Die von ihm vorgenommene Formulierung bezüglich der Beurteilung der Rechte Dritter, die gutgläubig Rechte an den verpfändeten Gegenständen erworben haben, ist aber im hohen Maße unglücklich und im übrigen auch unklar. Der Antrag erklärt für die Feststellung des guten Glaubens als maßgebend den Zeitpunkt des Wirksamwerdens des

Pfandrechts, d. h. also den Zeitpunkt der Niederlegung des Pfandvertrages oder, wenn die Niederlegung der Vollziehung binnen Wochenfrist folgt, den Zeitpunkt des Abschlusses des Vertrages. Es muß gefolgert werden, daß nach der Absicht der Antragsteller daher ein gutgläubiger Erwerb von Rechten an durch Registerpfand gesicherten Gegenständen, nachdem der Pfandvertrag an sich wirksam begründet ist, überhaupt nicht mehr möglich sein soll. Mit anderen Worten, es würde jeder, der registerverpfändete Sachen erwirbt oder beleiht, ohne von dem Bestehen des Pfandes etwas gewußt zu haben, Gefahr laufen, seiner Rechte verlustig zu werden. Ein Ergebnis, das schlechterdings mit der Sicherheit des Geschäftsverkehrs unverträglich ist. Wenn man über das Problem, die Interessen des durch Registerpfand gesicherten Gläubigers mit den Interessen der mit dem Schuldner kontrahierenden gutgläubigen Dritten in Einklang zu bringen, länger nachdenkt, so erscheint einem dieses Problem geradezu als die Quadratur des Zirkels. Die Tätigung jedes Geschäftes bezüglich eines im Registerpfand befindlichen Gegenstandes stellt sich somit letzten Endes für den Dritten als ein gewagtes Geschäft dar. Bei der Schnelligkeit, mit der sich Warenumsätze im geschäftlichen Leben abzuspielen pflegen, die ja unendlich oft telephonisch oder telegraphisch erledigt werden, wird es in den meisten Fällen schon recht schwierig sein, festzustellen, ob überhaupt ein Registerpfandrecht besteht. Grotesk muß aber die Vorstellung anmuten, daß nun der Dritte noch prüfen und eventuell durch Einholung des Einverständnisses des Gläubigers klären soll, ob das bestehende Registerpfand ihn am Abschluß des Geschäftes hindert. Wenn hier ein Vergleich mit dem durch Hypothek oder Grundschuld bestellten Pfande am Grundstück gezogen wird, so muß man sagen, daß ein solcher Vergleich denn doch ganz gewaltig hinkt.

In seinen Wirkungen soll das Registerpfand dem Faustpfand gleichgestellt werden. Demzufolge kann der Pfandgläubiger im Falle der nicht erfolgten Befriedigung Herausgabe des Pfandes zum Zwecke seiner Befriedigung nach den Grundsätzen über den Pfandverkauf verlangen. Es ist bekanntlich lange Zeit außerordentlich streitig gewesen, welche Folgen die Sicherungsübereignung, durch die ja Eigentum an der übereigneten Sache übertragen, nicht aber ein Pfandrecht bestellt wird, im Konkurs zeitigt. Kann der Gläubiger die Herausgabe der ihm übereigneten Gegenstände, die sein Eigentum sind, aus der Konkursmasse verlangen, oder hat er, wie der Pfandgläubiger, nur ein Recht auf abgesonderte Befriedigung aus dem Erlös des Pfandes? Die Begriffsjurisprudenz ist erfreulicherweise unterlegen, so daß die herrschende Meinung den Sicherungsgläubiger im Konkurse lediglich wie den Pfandgläubiger behandelt. Dieses Prinzip ist aber nach der Rechtsprechung angesichts des Wortlauts der einschlägigen Vorschrift des § 805 ZPO. noch nicht ausgedehnt auf den Fall, daß die zur Sicherheit übereigneten Gegenstände von einem anderen Gläubiger gepfändet werden. Es ist heute noch zulässig, mag auch der Wert der zur Sicherheit übereigneten Sachen weit höher sein als die Forderung, zu deren Sicherheit sie übereignet sind, die Interventionsklage zu erheben und so die Pfändung zur Aufhebung zu bringen. Mit Recht ist daher auch von denjenigen Stellen, die sich gegen die Einführung des Registerpfandrechts ausgesprochen haben, eine Änderung der diesbezüglichen Bestimmungen der Zivilprozeßordnung verlangt worden dahin, daß die Sicherungsübereignung die Durchführung der Zwangsvollstreckung nicht hindern, sondern nur dem Sicherungsgläubiger das Recht auf vorzugsweise Befriedigung gewähren soll. Eine Teilreform, die in ihrer praktischen Wirkung nicht zu unterschätzen ist.

Zu den bis zu seinem Inkrafttreten vorgenommenen Sicherungsübereignungen nimmt der Gesetzentwurf in der Weise Stellung, daß er eine Frist von vier Monaten nach Inkrafttreten des Gesetzes vorsieht, binnen der der Sicherungsübereignungsvertrag beim Registergericht zur Eintragung niedergelegt werden muß. Was aus denjenigen Sicherungsübereignungen werden soll, bei denen ein schriftlicher Vertrag überhaupt nicht geschlossen ist, oder bei denen der geschlossene Vertrag nicht den Vorschriften des Gesetzentwurfs entspricht, ist offengelassen. Anscheinend will der Gesetzentwurf die Wirksamkeit solcher unvollkommener Verträge mit Ablauf der vier Monate als beendet ansehen.

Dies sind die wesentlichsten Bestimmungen des Gesetzentwurfs. Die erheblichen gegen einzelne Bestimmungen bestehenden juristischen Bedenken habe ich vorstehend hervorgehoben.

Zu diesen Bedenken juristischer Art treten aber noch mannigfache, nicht weniger schwerwiegende Gegengründe, die auf wirtschaftlichem Gebiet liegen. Es wird von berufener Seite die Auffassung vertreten, daß die völlige Wesensungleichheit zwischen Immobiliar- und Mobiliarvermögen, die völlige Verschiedenheit der wirtschaftlichen Funktionen eine analoge Behandlung bezüglich der Pfandbestellung nicht zulasse, ohne das Wesen der Dinge auf den Kopf zu stellen. Namentlich an Gegenständen, die ständig und ihrer Bestimmung gemäß wechseln, wie Warenläger, könnten unmöglich nach den Grundsätzen des Immobiliarrechts Pfandrechte bestellt werden. Hier Zustände mehr oder weniger für die Dauer berechnet, dort ein ewiges Fluktuieren. Namhafte Volkswirtschaftler haben ferner die Überzeugung vertreten, daß durch die Mobiliarhypothek, falls sich praktisch eine leichte Ausnutzbarkeit ergebe, der Vergrößerung der Schuldenlast in bedenklicher Weise Vorschub geleistet werde. Aus einer dem zeitweiligen Bedürfnis des Schuldners entsprechenden Verpfändung, wie sie heute in der Form der Sicherungsübereignung zutage trete, drohe leicht in ähnlicher Weise wie bei der Belastung des Grundbesitzes ein Dauerzustand zu werden.

Es ist ferner darauf hingewiesen, daß unredliche und auch vor strafbaren Handlungen nicht zurückschreckende Schuldner, deren es leider zu allen Zeiten mehr als genug gegeben hat, in dem Registerpfand ein besonders willkommenes Instrument sehen würden, ihre Betrügereien zu verdoppeln. Betrüger, die heute auf Kreditschwindel ausgehen und ihnen kreditierte Waren schleunigst versilbern, ohne an die Bezahlung der Schulden zu denken, würden zunächst auf die Waren gegen Registerpfand ein Darlehn aufnehmen und dann erst die Waren zum Verkauf bringen, was ja trotz des Registerpfandes sehr leicht geschehen kann, wenn sie sich dabei einer zweiten Persönlichkeit bedienen, zu der sie zunächst die Waren bringen und die dann als Verkäufer der Waren den Gutgläubigen gegenüber auftritt.

Die wichtigste wirtschaftliche Seite des Problems ist natürlich die Frage, ob dem Kreditbedürfnis des redlichen und reellen Geschäftsverkehrs das Registerpfand und seine Publizität überhaupt zu dienen geeignet ist. Auch diese Frage wird von vielen sachkundigen Persönlichkeiten mit Entschiedenheit verneint. Man befürchtet, daß auch dem reellen und soliden Kaufmann, der ein Registerpfand aufgenommen hat, dadurch der ihm sonst freiwillig, insbesondere von seinen Warengläubigern, gewährte Kredit geschmälert oder entzogen werden würde. Das Vertrauen würde, wenn es — wie selbstverständlich — in der Auskunft über die Firma Müller heißt: Sie hat bei der und der Bank für die und die Forderung Registerpfand bestellt, auf das bedenklichste erschüttert werden. Die Lieferanten würden geneigt sein, ebenfalls Kreditgewährung von Einräumung von Scherheiten abhängig zu machen, die zu leisten dann einfach unmöglich sei. Es würde also der Zweck, einen gesunden Mobiliarkredit für den Gewerbetreibenden herbeizuführen, keineswegs erreicht, sondern in das Gegenteil verkehrt werden.

Die heute vor Einführung des Registerpfandes zweifellos in außerordentlich großer Zahl bestehenden Sicherungsübereignungen, die dann binnen vier Monaten nach Inkrafttreten des Gesetzes zu registrieren wären, würden eine ungeheure Beunruhigung in das Wirtschaftsleben tragen und zu zahlreichen Kreditentziehungen und Kreditbeschränkungen führen, so aber wiederum eine Quelle von immer neuen Zahlungseinstellungen und Konkursen werden. Zahllose Rechtsstreitigkeiten müßten die Folge der Einführung des Registerpfandrechts sein, nicht nur aus den bereits von mir bei der Darlegung der einzelnen Bestimmungen des Gesetzentwurfs erörterten Gründen, sondern insbesondere auch aus der Kollision zwischen den Registerpfandrechten und anderen bestehenden dinglichen Rechten, insbesondere also den Rechten der Hypothekengläubiger an Bestandteilen bezw. Zubehör des belasteten Grundstücks. Man denke z. B. daran, daß ein Maschinenpark durch Registerpfand verpfändet ist und die Hypothekengläubiger der Fabrik behaupten, daß die Maschinen als Zubehör des Fabrikgrundstücks dem Pfandnexus der Hypothek unterliegen. Streitigkeiten, die bekanntlich bei Pfändungen, die heute gegen einen Schuldner unternommen werden, zwischen den Pfändungsgläubigern und den Hypothekengläubigern geradezu an der Tagesordnung sind. Gleiche Kollisionen könnten entstehen, wenn Eigentumsvorbehalte gemacht sind, wenn Waren lediglich zum kommissionsweisen Vertrieb übergeben worden sind und aus ähnlichen Gründen. Schließlich wird darauf verwiesen, daß durch das Registerpfand eine sehr erhebliche unproduktive Arbeitsaufwendung aller Beteiligten notwendig werde und daß auch die Kosten nicht unbeträchtlich sein können. Es erscheint, wie ich schon eingangs bemerkte — und ich möchte hier den Verdacht, pro domo zu reden, mit aller Entschiedenheit zurückweisen —, für die Parteien riskant, einen Vertrag über Begründung eines Registerpfandrechts ohne Mitwirkung eines Juristen zu fertigen. Notarielle Vollziehung oder Beglaubigung der Unterschriften ist allerdings nicht vorgesehen. Auch ist ausdrücklich, was im übrigen eine Anomalie und eine vollständige Durchbrechung unserer stempelrechtlichen Grundsätze bedeutet, Stempelfreiheit zugesichert. Das Gericht muß aber selbstverständlich für die Arbeit, die mit der Registrierung und Niederlegung verbunden ist, Gebühren berechnen, die nicht allzu niedrig sein können, wenn der Justizfiskus, was aus finanzpolitischen Erwägungen schwer erträglich wäre, nicht bei diesem Teil der freiwilligen Gerichtsbarkeit schweres Geld zulegen soll. Wo im übrigen die Justiz bei der heute im Zeitalter des Aufwertungsrechts bestehenden außerordentlichen Überlastung des Personals die für die Erledigung dieser Arbeit nötigen Richter und Bürobeamten hernehmen soll, erscheint mir durchaus rätselhaft. In diesem Zusammenhang möchte ich nicht unterlassen, mit zwei Worten auf die Rechtsnot einzugehen, die sich gerade bei uns in Berlin durch die ungeheure Überlastung speziell des Amtsgerichts Mitte entwickelt hat. Nicht nur daß die Anberaumung der Termine, insbesondere auch in Waren- und Wechselklagen, erst mit verhältnismäßig langer Frist erfolgt, sondern vor allem sind von den ergangenen Versäumnis- und Anerkenntnisurteilen die Ausfertigungen erst mit sehr erheblicher Verspätung aus der Gerichtsschreiberei herauszubekommen. Es ist eine alltägliche Erscheinung, daß man vierzehn Tage und noch länger auf die Ausfüllung eines Formulars über ein erlassenes Versäumnisurteil warten muß. Dies führt zu unendlichen Verärgerungen zwischen den Anwälten und ihrer Klientel, die zu leicht geneigt ist, dem Anwalt die Schuld zuzuschieben, führt aber vor allem zu einer außerordentlichen Schädigung der Gläubiger, die mit Vollstreckungen vielfach zu spät kommen. Es muß mit aller Macht darauf gedrängt werden, daß durch Anordnung der Justizverwaltung hier vernünftige, den Interessen des Wirtschaftslebens entsprechende Verhältnisse geschaffen werden. Auch die Gerichtsvollzieher sind in einer unerhörten Weise überlastet, so daß unser ohnehin schon alles andere eher als ideales Vollstreckungsverfahren durch die Überlastung vielfach geradezu sabotiert wird.

Auch die Frage, inwieweit der andere Zweck der Einführung des Registerpfandrechts, und zwar der Hauptzweck, nämlich die Sicherung der Allgemeinheit der Gläubiger, vor den Folgen der heutigen Sicherungsübereignungen durch Einführung des Registerpfandrechts erreicht wird, ist eine durchaus offene. Wenn man auch vollständig von dem Mißbrauch durch unredliche Schuldner oder mit ihnen unter einer Decke steckende Dritte absehen will, so wird in zahlreichen Fällen keinerlei Gläubigerschutz erreicht werden. Nehmen wir an, die Firma Müller verhandelt heute mit der Firma Meyer über den Abschluß eines großen Lieferungsvertrages, auf Grund dessen Müller einen Warenkredit von 100 000 Reichsmark der Firma Meyer gegen Dreimonatsakzepte einräumt. Er stellt durch

Einsicht in das Register fest, daß die Angabe der Firma Meyer, daß sie ein Registerpfandrecht nicht bestellt habe, zutrifft. Einen Monat nach Lieferung und zwei Monate vor Fälligkeit sieht sich die Firma Meyer genötigt, um Rikambien einlösen zu können, bei einer Bankfirma einen großen Kredit zu nehmen und ihr zur Sicherheit ihr bis dahin freies Warenlager gegen Registerpfand zu verpfänden. Ist dann die Firma Müller auch nur um ein Haar besser daran, als wenn zur Zeit des Geschäftsabschlusses durch Sicherungsübereignung bei Nichtbestehen des Registerpfandes das Warenlager der Bankfirma schon übereignet wäre?

Diese von mir im einzelnen aufgeführten Gründe wirtschaftlicher Art sind keineswegs erschöpfend. Immerhin geben sie den wesentlichsten Teil der gegen das Registerpfand vorgebrachten Gründe wieder. Diese Gründe geben sehr zu denken. Man kommt, wenn man ohne Voreingenommenheit, lediglich aus rein sachlichen Erwägungen, sich mit der Materie beschäftigt, sehr leicht zu der Ansicht, daß die Einführung des Registerpfandes einen Sprung ins Dunkle bedeutet, der gut ausgehen kann, aber nicht gut auszugehen braucht. Ob die heutige Zeit dazu angetan ist, sich auf ein solches Experiment einzulassen, dessen Mißerfolg das Wirtschaftsleben in schwerste Unordnung bringen kann, ist zum mindesten höchst zweifelhaft. Ich muß, wenn ich offen sein soll, von mir sagen, daß ich in dieser Frage aus einem Paulus zu einem Saulus geworden bin. Ich war zunächst geneigt, die Einführung des Registerpfandes als den einzig möglichen Ausweg aus den unleugbaren Schäden zu betrachten, die die gegenwärtige Institution der Sicherungsübereignung mit sich gebracht hat. Je mehr ich mich in die Materie vertiefte, je mehr ich sie durchdacht habe, desto gewichtiger sind meine Bedenken geworden. Ja ich möchte sagen, sie haben sich in den letzten acht Tagen, in denen ich mich naturgemäß mit Rücksicht auf meinen heutigen Vortrag mit der Materie noch besonders befaßt habe, verdoppelt und verdreifacht. Ein solcher Standpunkt wird natürlich für viele von Ihnen, die mit mir das Gefühl haben, es muß etwas geschehen, um die aus der Sicherungsübereignung sich ergebende, zurzeit bestehende Gläubigernot zu beseitigen oder zu mildern, ein höchst unbefriedigender sein. Sie werden sich mit der negativen Entscheidung, daß gegen die Einführung des Registerpfandes zu viele begründete Bedenken bestehen, nicht zufrieden geben wollen und die Frage an mich richten: „Was wollen Sie denn, der Sie ebenfalls den heutigen Zustand als völlig unbefriedigend bezeichnen, als Abhilfe vorschlagen?"

Ich glaube, ich bin in der Lage, Ihnen, wenn auch keineswegs ein vollkommenes Heilmittel, so doch ein Rezept zu empfehlen, das die schwersten Krankheitserscheinungen zu beseitigen in der Lage ist. Zunächst gehört hierzu die schon von dem Berichterstatter auf dem Wiener Juristentag, Professor Litten, vorgeschlagene Änderung der Zivilprozeßordnung dahin, daß auch der Sicherungseigner nur vorzugsweise Befriedigung aus dem Pfanderlös, nicht aber die Herausgabe der Sachen zu seiner Verwendung verlangen kann. Damit würden vor allem gemildert die als besonders unerträglich empfundenen Schiebungen zwischen Schuldner und diesem nahestehenden Gläubigern, durch die er heute die Pfändung und Durchführung der Versteigerung auf Grund der Pfändung zu verhüten weiß.

Vor allem aber muß eine wesentlich erleichterte Anfechtungsmöglichkeit der Sicherungsübereignungen durch Änderung der Konkursordnung bezw. des Anfechtungsgesetzes verlangt werden. Auch diese Vorschläge sind an sich nicht neu, sondern greifen zurück auf die von mir bereits erwähnten Vorschläge des Professors Litten, nach denen innerhalb einer bestimmten Zeit vor der Zahlungseinstellung oder Anfechtung vorgenommene Sicherungsübereignungen anfechtbar sind, wenn der Sicherungseigentümer nicht den Beweis führt, daß ihm zur Zeit des Vertragsabschlusses eine Absicht des Schuldners, die übrigen Gläubiger zu benachteiligen, nicht bekannt gewesen sei. Eine solche Bestimmung würde, sofern der Zeitpunkt der Rückwirkung vor der Zahlungseinstellung nicht zu eng genommen wird, eine außerordentliche Anzahl von Sicherungsübereignungen, und gerade die bedenklichen, zu Fall bringen, denn der dem Sicherungsgläubiger durch eine solche Bestimmung auferlegte Beweis ist sehr schwer zu erbringen; er wird mit Recht mit einem juristischen Scherzwort als die probatio diabolica bezeichnet, d. h. als Beweis, den der Teufel führen möge. Man könnte aber meines Erachtens diese Vorschrift noch in erheblicher Weise verschärfen und verstärken. Wenn man beurteilen will, ob eine Sicherungsübereignung reell ist oder nicht, so gibt es für die große Mehrzahl der Fälle ein untrügliches Barometer, nämlich die Feststellung, ob die Sicherungsübereignung auf Grund eines sogenannten kongruenten Deckungsgeschäftes erfolgt ist. Hierunter versteht man bekanntlich, ob Zug um Zug gegen die Sicherungsübereignung gleichwertige Forderungen für den Gläubiger begründet sind. Gegen derartige Sicherungsübereignungen, die eben zur Voraussetzung haben, daß der Gläubiger dem Schuldner gleichzeitig Kredite einräumt, läßt sich schlechterdings nichts sagen. Mit solchen Sicherungsübereignungen finden sich auch regelmäßig die übrigen Gläubiger leicht ab. Das Gegenteil aber ist der Fall, wenn sogenannte inkongruente Sicherungsübereignungen vorliegen, d. h. wenn einem Gläubiger nachträglich unter Begünstigung vor anderen Sicherheiten übereignet werden. Es ist daher meines Erachtens die Forderung gerechtfertigt, daß bei derartigen inkongruenten Sicherungsübereignungen ein Gegenbeweis überhaupt nicht zugelassen wird, sie vielmehr ohne weiteres der Anfechtung unterliegen. Als solche inkongruenten Sicherungsübereignungen müßten auch diejenigen betrachtet werden, die abgeschlossen sind aus Anlaß der Prolongation von bereits bestehenden Forderungen.

Durch solche Maßnahmen könnte meines Erachtens mit Sicherheit erreicht werden, daß wirklich nur auf reeller Grundlage bestehende Sicherungsübereignungen übrigbleiben, die Rechte der ungesicherten Gläubiger aber nicht durch Schiebungen irgendwelcher Art oder durch Begünstigungen einzelner Gläubiger vor den anderen verkürzt werden.

Dagegen vermag ich mir von der Durchführung der Vorschläge, wie sie von anderer Seite, insbesondere aus Bankkreisen, auf Grund der Zustimmung des Sonderausschusses des Industrie- und Handelstages gemacht sind, einen Erfolg nicht zu versprechen. Dieser Vorschlag geht bekanntlich in seines Wesens Kern dahin, daß jeder zur Führung von Handelsbüchern Verpflichtete in seinen Büchern bei Vermeidung von Strafen abgeschlossene Sicherungsverträge zu registrieren hat. Wer, um Vorlegung des betreffenden Buches ersucht, ein Buch mit unrichtigen Eintragungen vorlegt, soll wegen Betruges bestraft werden. Also eine Erziehung des Schuldners selbst zur Moral durch Androhung von Strafen. Ich halte diesen Weg für bedenklich und unglücklich. Ein praktischer Erfolg würde ihm nicht beschieden sein. Wir haben auch Strafbestimmungen genug, um dem Sinken der Schuldnermoral energisch entgegenzutreten. Allerdings gebe ich ohne weiteres zu, daß es mit der praktischen Anwendung dieser Strafbestimmungen vielfach bedenklich hapert. Staatsanwaltschaft und Strafjustiz lassen die Zügel oft am Boden schleifen, wenn es sich darum handelt, gegen Schuldner vorzugehen, die durch Schiebungen Vollstreckungen zu vereiteln oder zu erschweren suchen. Pfandbruch gilt als Bagatelldelikt, bei dem auf eine geringfügige Geldstrafe oder kleine Freiheitsstrafe mit Bewährungsfrist erkannt wird, wenn eine Freisprechung gar nicht möglich ist. Das Einschreiten wegen Kreditbetruges wird fast immer mit der Begründung abgelehnt, daß das Bewußtsein der subjektiven Rechtswidrigkeit nicht nachgewiesen werden könne; es sei dem Schuldner nicht zu widerlegen, daß er doch mit der Möglichkeit gerechnet habe, bezahlen zu können. Wer vollends ungedeckte Schecks in Zahlung gibt, riskiert auch nur in seltenen Fällen eine Bestrafung. Eine wichtige Strafbestimmung, nämlich der § 239 KO., scheint geradezu in Vergessenheit geraten zu sein. — Nach dieser Vorschrift setzen sich Schuldner, die ihre Zahlungen eingestellt haben, oder über deren Vermögen das Konkursverfahren eröffnet ist, einer erheblichen Bestrafung wegen Bankerottes aus, wenn sie übermäßigen Aufwand getrieben haben. Meine Herren! Ich stelle fest, und ich rede wahrlich nicht aus einem hohlen Faß, daß in einer erschreckenden Anzahl von Fällen Schuldner in gröbster Weise ungestraft und ungesühnt gegen diese Bestimmung verstoßen haben. Sie kennen den etwas frivolen Stoßseufzer, der da lautet: Ich möchte so leben können, wie ich lebe! Es ist leider nur zu wahr, daß er wenigstens in den letzten Jahren nur zu oft im Munde desjenigen, der ihn ausgestoßen, nicht deplaziert war. Es ist betrüblich, in welchem Mißverhältnis der Privatgebrauch zu Eigentum und Vermögen vieler steht, denen nur die Verhältnisse ihrer Gläubiger eine solche Lebensführung gestatten.

Für eine durchgreifende Änderung der Schuldnermoral, auch durch warnende Exempel, zu sorgen, scheint mir eine dringliche Forderung an Strafverfolgungsbehörde und Strafjustiz. Unsere Strafgesetze, in der richtigen Weise angewandt, genügen durchaus.

Ich habe mich, als ich die einschlägige Literatur über über die heute erörterten Fragen studierte, manchmal des Eindrucks nicht erwehren können, daß von Freunden wie von Gegnern des Registerpfandes eine Binsenweisheit nicht genügend gewürdigt ist, die Fritz Reuter in seiner „Stromtid" in die paradoxen Worte gekleidet hat, daß die Armut von der pauvreté herkomme. Wir wollen herumkurieren an krankhaften Symptomen des Wirtschaftslebens, wobei wir vergessen, daß es sich bei diesen Symptomen nur um einzelne äußere Krankheitserscheinungen handelt, daß aber der Grund für diese Krankheitsform sehr viel tiefer sitzt und wir daher zwar Pflästerchen auf diese schadhaften Stellen legen können, um einen örtlichen Heilungs- oder Linderungsprozeß zu erzielen, aber damit noch nicht eine Heilung der Krankheit von innen heraus zu bewerkstelligen in der Lage sind. Auch die Überhandnahme der Sicherungsübereignungen und deren schädigende Folgen sind nur ein solches Symptom, das lokal in der richtigen Weise zu behandeln immerhin von erheblicher Bedeutung für den Wirtschaftskörper sein kann. Der Grund der Krankheit ist und bleibt der, daß der Krieg und seine Folgen die deutsche Wirtschaft aus den Fugen gerissen haben. Der Gesundungsprozeß kann nur ein allmählicher sein. Zu ihm führt nur stete und zähe Arbeit, strengste Sparsamkeit im geschäftlichen Leben wie im Privatleben jedes einzelnen an der Wirtschaft Beteiligten und vor allem rationellste Arbeitsmethoden. Nur diejenigen Wirtschaftsbetriebe, die diese Bedingungen erfüllen und zudem über das unbedingt notwendige eigene Betriebskapital verfügen, haben Aussicht, die schweren Zeiten, in denen wir stehen, und die, wie ich befürchte, noch kommen werden, zu überdauern und so an dem Wiederaufstieg Deutschlands mitzuarbeiten. Mit dem Wunsche, daß der Zeitraum, bis dieses Ziel erreicht sei, sich bei der Tatkraft der deutschen Wirtschaft und der hohen Intelligenz unseres Volkes im friedlichen Wettbewerb der Nationen nicht allzu lange ausdehnen möge, will ich meinen heutigen Vortrag schließen.

Druck von Otto Walter, Berlin S 14

FSC
www.fsc.org
MIX
Papier | Fördert gute Waldnutzung
FSC® C083411

Kolibri 360 GmbH
Ferdinand-Jühlke-Straße 7
99095 Erfurt, Deutschland
produktsicherheit@kolibri360.de